Жизнь за царя
A Life for the Tsar
Михаил Иванович Глинка
Mikhail Glinka
Егор Розен
Egor Rozen

Copyright © JiaHu Books 2015
First Published in Great Britain in 2015 by Jiahu Books – part of Richardson-Prachai Solutions Ltd, 34 Egerton Gate, Milton Keynes, MK5 7HH
ISBN: 978-1-78435-125-0
Conditions of sale
All rights reserved. You must not circulate this book in any other binding or cover and you must impose the same condition on any acquirer.
A CIP catalogue record for this book is available from the British Library
Visit us at: jiahubooks.co.uk

ДЕЙСТВУЮЩИЕ ЛИЦА	5
ДЕЙСТВИЕ ПЕРВОЕ	7
ДЕЙСТВИЕ ВТОРОЕ	23
ДЕЙСТВИЕ ТРЕТЬЕ	29
ДЕЙСТВИЕ ЧЕТВЕРТОЕ	52
ЭПИЛОГ	64

ДЕЙСТВУЮЩИЕ ЛИЦА:

ИВАН СУСАНИН, крестьянин села Домнина - бас
АНТОНИДА, дочь его - сопрано
Богдан САБИНИН, ополченец, жених её - тенор
ВАНЯ, сирота, воспитанник Сусанина - меццо-сопрано
Начальник русского отряда - бас
Начальник польского отряда - бас
Гонец польский - бас
Русский народ, польские воины.

ДЕЙСТВИЕ ПЕРВОЕ.

Село Домнино на реке Шаче.

ЯВЛЕНИЕ 1

Мужчины и женщины с разных сторон возвращаются с работы.

ХОР МУЖЧИН.
В бурю, во грозу
Сокол по небу
Держит молодецкий путь.
В бурю на Руси
Добрый молодец
Песню русскую ведёт:
"Страха не страшусь,
Смерти не боюсь,
Лягу за Царя, за Русь!"
Мир в земле сырой!
Честь в семье родной!
Слава мне в Руси святой.

ХОР ЖЕНЩИН.
Весна своё взяла,
Красна весна пришла
Все пташечки воротились к нам,
И рады мы дорогим гостям!
И Русь Москву взяла,
Во Кремль опять вошла.
И молодцы воротились к нам,
И рады мы братьям и мужьям!

ХОР МУЖЧИН.
Выручили мы
Солнышко из вражьей тьмы!

ОБА ХОРА.
Из плена к нам домой
Боярин наш младой!
Все горе отошло,
Как солнышко взошло!
Кто солнышком глядит?
Кто солнышком блестит?
Михаил Феодорович!
Он у нас опять!
Кто его возьмёт?
Кто на нас дерзнёт?
Он-то наш опять!

МУЖЧИНЫ.
Мы все за него, как тёмный лес.

ЖЕНЩИНЫ.
А солнышком светит он с небес.

МУЖЧИНЫ.
Мы все за него стеной, горой!

ЖЕНЩИНЫ.
Все, сдвиньтесь в битву тьмой, грозой.

МУЖЧИНЫ.
Мы все за него - не суйся к нам!

ЖЕНЩИНЫ. Так будет беда лихим гостям!

Хоры разделяются и уходят со сцены.

ЯВЛЕНИЕ 2

Антонида выходит из ворот своего дома.

АНТОНИДА.
В поле чистое гляжу,
В даль по реке родной

Очи держу.
Волны к нам идут, идут,
Льдины грозные плывут.
Что же лодки не видать!
Долго ли ждать? Мой свет,
Все тебя нет!
Там, в деревне, за рекой,
Ждут любезного домой -
Здрав и радостен из бою
Ратник молодой!
Скоро ль будешь, сокол мой?
Мой мил надежа будет -
Нам весть о нём пришла,
Будет в этот день
Он в родную сень,
Будет, и ко мне во вешний день!
Мой суженый придет,
Возговорит: "Здорово!"
Со мною поведёт
Ласкательное слово.
Молодецкой красотой,
Словно яркою свечой,
Засветлеет той порой
Терем мой!
С поля битвы под Москвою
Наши молодцы домой:
В битву новую с Литвой
Грянул сокол мой -
Как не ждать его домой;
Мой мил надежа будет,
Мой ясный сокол жив!
Будет в этот день
Он в родную сень,
Будет и ко мне во вешний день!
Я ли красная девица,
Ярко вспыхну, как зарница!
Я ли другу тихо молвлю слово:
"Добрый молодец, здорово!"
Сколько принесёшь

Радости с собой
Ты, душа моя!
Там в деревне, за рекою,
Хата весело глядит,
Хата новая с резьбою,
Три окна на вид!
Хата к нам сюда глядит.
В той хате мне с тобою,
Мой ясный сокол жить!
В этот красный день
Будешь в нашу сень!
Скоро белый парус заблестит,
Скоро ясный сокол прилетит!
Ряженая ждет!
Праздник у ворот!
Ждёт венец, и пир веселый ждет!

ЯВЛЕНИЕ 3

Антонида и Сусанин, возвращающийся из города.
Собирается народ обоего пола.

СУСАНИН (к дочери).
Что гадать о свадьбе, -
Свадьбе не бывать!
За валом вал идёт,
А за грозой гроза!

НАРОД.
Ужель опять гроза
Нагрянула на нас?

СУСАНИН.
Город наш в тревоге!
На Руси темно!
Грозою на Москву
Воздвигнулся король.

НАРОД.
Так на Москву король!

СУСАНИН.
Рать его из Вязьмы
Морем разлилася!

НАРОД.
Морем разлилася!

СУСАНИН.
Горе русским людям,
Когда опять Москва
Под власть врага падёт!

НАРОД.
Горе нам!

СУСАНИН.
В пожаре пропадёт

НАРОД.
Ох, горькая Москва!

СУСАНИН.
Дай, Господь, иную
Нам уведать весть!

НАРОД. Дай-то Боже!

АНТОНИДА.
Где-то слышно пенье!
Вот, родимый, лодка:
Это едет он.

СУСАНИН.
Он ли, нет ли - только
Добрую бы весть.

ХОР ГРЕБЦОВ (за сценой).
Лед реку в полон сковал;
Поднялся могучий вал -
Треснул лед и побежал!
Враг держал наш край в цепях;
Поднялася Русь, и враг
В рассыпных летит бегах!
Лодка выезжает на сцену.
Воля вольная волнам!
Лодке воля по водам,
Воля вольная и нам.
Жениха невеста ждёт,
Жениха, и Русь зовёт!
Час настал, жених грядёт!

Навстречу идёт хор мужчин.

ХОР МУЖЧИН.
Здравствуй, жданный гость,
Добрый молодец!
С поля ратного
Ты ли пришёл!
Здравствуй, суженый.
Здравствуй, ряженый!
Други ждут тебя.
Девица ждёт!

ЯВЛЕНИЕ 4

Прежние и Сабинин сопровождаемый гребцами; выходит из лодки приветствует хор и потом подходит и обращается к невесте.

САБИНИН.
Радость безмерная!
Ты ли душа моя,
Красное солнышко?

СУСАНИН.
Скажи, с какою вестью
Пожаловал ты к нам?

ХОР МУЖЧИН.
Добрый молодец,
Ты поведай нам
Добрую весть!

САБИНИН.
Эх! когда же с поля чести
Русский воин молодой
Без удалой доброй вести
Возвращается домой!

СУСАНИН.
Худого нет?

ХОР МУЖЧИН.
А есть хорошая нам весть?

САБИНИН
Эх, ребята! без похмелья
Нет в Руси пиров честных!
И не едет без веселья
К шумной свадебке жених!

СУСАНИН.
Но, поведай: что Москва?
Наша ли она?

САБИНИН.
Когда же
Она была чужая? Чья же,
Когда не наша?

СУСАНИН.
Так она
Не захвачена врагам

Королём не сожжена?

САБИНИН
Нет, родимый, спасена!

НАРОД.
Спасена! Спасена!

САБИНИН.
Вот как было: тучей чёрной
По полям Руси святой
Шел к Москве король задорный
С целой Польшей и Литвой!

НАРОД.
С целой Польшей и Литвой!

САБИНИН.
Князь Пожарский молвил слово:
"Ну, друзья! В последний бой!" -
Рады драться! Всё готово -
С песней вышел в поле строй.

ХОР МУЖЧИН.
Так и мы ходили в бой!

САБИНИН.
Подавай врагов! А поле
Тут и выдало как раз!
Вот разгул на полное воле!
Грянем, братцы, в добрый час
То-то светлый праздник ратный!
То-то свалка! Меч булатный
Погулял в пиру мечей.

ХОР МУЖЧИН.
И употчевал гостей.

САБИНИН
Всем досталось, разбежались!
Мы врагам во след помчались -
Здравствуй, матушка Москва!

НАРОД.
Здравствуй, матушка Москва!
Золочёная глава!

Народ окружает Сабинина в радостном волнении.

СУСАНИН (подошел ближе к зрителям).
Нет, ещё не пришла пора!
Нет, не время ещё
Не тужить о стране родной,
О несчастной Руси!
Не довольно победы с нас,
Той победы одной,
Чтоб навеки устроить Русь
И врагов усмирить;
А законный нам нужен Царь -
И земля спасена!

АНТОНИДА (глядя на отца, про себя).
Ах, мой батюшка,
На лице твоём
Что-то горькое;
Нам чего же ждать!

САБИНИН (вышел из толпы).
Наша рать на саблях ...

ХОР.
За врагом во след!

САБИНИН.
Как на светлых крыльях!

ХОР.
И пощады нет!

САБИНИН.
Кладенец булатный
В бурный праздник ратный ...

ХОР.
Не щадит голов!

САБИНИН.
Так и бьёт врагов!

ХОР.
Любо на победе!

САБИНИН.
Спойте про победу
Песню удалую.

ХОР.
Ладно, мы затянем
Песню боевую.

Сабинин отходит к невесте и с нею тихо разговаривает.

ХОР.
Князь Пожарский молвил слово:
"Сядем, братцы, на коней
И Москву потешим снова
Ратной удалью своей"!
Молвил князь другое слово.

Сабинин быстрым движением прерывает пение хора и обращается к Сусанину.

САБИНИН.
Как? Ужели
Не быть моей свадьбе?

А для свадьбы-то
Я домой пришел!

СУСАНИН.
Что за веселье
В это безвременье;
Враг на святой Руси
Грабит и злобствует;
Русь сиротой живёт!

САБИНИН.
Не томи родимый,
Не круши меня.
Не темни напрасно
Дорогого дня!
Не своди на горе
Час свиданья сладкий,
Поскорее выдай
Мне жену мою!

АНТОНИДА (жениху).
Не томись, мой милый,
Не круши себя!
Не темни напрасно
Дорогого дня!
Не своди на горе
Этот час заветный!
Ты подумай: всё же
За тобой мне быть.

САБИНИН (невесте).
Не томиться, светик,
Не крушить себя,
Не темнить напрасно
Дорогого дня!
Не сводить на горе
Этот час заветный -
Да когда же будешь
Ты женой моей.

СУСАНИН.
Не томись напрасно,
Не круши себя,
Мой удалый ратник,
Нареченный зять
"Мое слово - правда!
За другого дочку
Никогда не выдам,
За тобой ей быть!

САБИНИН.
Ждать! Не знаю, как дождаться -
Сердце просит поскорей!

СУСАНИН.
Можешь всякий день видаться
С красной девицей своей!

АНТОНИДА.
На свиданьи
С другом сердечным
Легкой пташкой
Время летит!

ХОР МУЖЧИН.
Что понапрасну томить
Доброго молодца,
Храброго ратника,
Он нам победу сыграл -
Ты ж ему свадьбу сыграй.

ХОР ДЕВУШЕК.
Дедушка, свадебкой
Нас ты потешь поскорей!
Мы ж тебе песнями
Радость как раз напоем!

САБИНИН.
Все просят за нас, -

Когда же свадьба?

ОБЩИЙ ХОР.
Когда же свадьба?

СУСАНИН.
Когда Господь нам даст Царя,
Тогда сейчас веселой свадьбой,
Богатым пиром на весь мир
Мы о Руси возвеселимся!

САБИНИН.
О, так нам не долго ждать!
На Москве собор великий
Ныне ставит нам Царя!

ОБЩИЙ ХОР.
Ужели ставит? Но кого?

СУСАНИН.
Скажи кого?

САБИНИН.
Правда ль, знает Бог, но слышно,
Что нам ставится в Цари -
Отгадайте, кто?

ОБЩИЙ ХОР.
Не знаем!

СУСАНИН (с нежностью).
Наш боярин?

САБИНИН.
Ох, родимый!
Как ты сразу угадал! -
Говорят, что наш боярин!

ОБЩИЙ ХОР.
Наш боярин - дал бы Бог!

СУСАНИН.
Наш боярин ... Что ж ты прежде
Нам о том не говорил?

САБИНИН.
Это слух еще покуда -
А победа наша!

СУСАНИН.
Слух! А сто побед не стоят
Такого слуха.
Царь, законный Царь!

ОБЩИЙ ХОР.
Законный Царь!

САБИНИН.
После драки молодецкой
Заслужили мы Царя!
За победу над врагами
Бог дает Царя!

АНТОНИДА (отцу).
Так Русь святая сиротой
Уже не будет?
Наш боярин добрый,
Верно, станет он всю Русь
Так любить, как любит нас

ОБЩИЙ ХОР.
Дай Господь!

СУСАНИН.
Широко Царево сердце -
Будет место всей Руси!
Бог Царем его поставил! -

Быть ему Царем.

ОБЩИЙ ХОР.
Коль Господь его избрал!
То и быть ему Царем.

ХОР ДЕВУШЕК.
На Руси царь ставится,
Люди веселятся;
Так скажи же, дедушка?
Скоро ль наша свадьба?

СУСАНИН.
То свадебная весть!

ОБЩИЙ ХОР.
То свадебная весть!

СУСАНИН.
Так нашей свадьбе быть?

ОБЩИЙ ХОР.
Так нашей свадьбе быть?

ХОР ДЕВУШЕК.
Так вот дождалися
Веселой свадебки.

САБИНИН (Сусанину).
Так согласен ты на свадьбу!
Веселись, честной народ!
Будет Царь и будет свадьба,
Радость всем и мне!

ОБЩИЙ ХОР.
Радость нам!

АНТОНИДА.
Давно, родимый, ты давно

Не знал отрады;
Вот теперь ты весел!
Ты у Бога, наконец,
Людям вымолил Царя!

ОБЩИЙ ХОР.
Радость нам!

СУСАНИН.
Свят Господь!
Он нас услышал
В наших тягостных скорбях!
Наконец Он нам спасенье
Шлёт в родном Царе!

ХОР МУЖЧИН.
Свят Господь в своих делах!
Русь свята в своих Царях!

ХОР ДЕВУШЕК.
Теперь мы, девицы,
В хороводных играх
Без страха тайного
Встретим весну пеньем!

ХОР МУЖЧИН.
Мы распотешимся
Во имя Царское!

ХОР ДЕВУШЕК.
Вся Русь украсится
Невестой красною!

НАРОД.
И праздник свадебный
Настал для всей Руси!

Сусанин с дочерью и женихом идет к своему двору; народ расходится.

Конец первого действия

ДЕЙСТВИЕ ВТОРОЕ.

ЯВЛЕНИЕ 1

Бал у начальника польского отряда. Гости обоего пола.

ПОЛЬСКИЙ ХОР.
Бог войны
После битв
Живую радость нам дарит.

МУЖЧИНЫ.
Мы храбро воюем с надменной Москвою:
Мы ходим повсюду широкой грозою!
Москалей строптивых под ноги стоптали
Москалям младого державца мы дали
И тем мы москалей навеки связали!

ЖЕНЩИНЫ.
Как розан из милой отчизны бойцами
На латах далече в чужбину свезен.
Так вчуже и жены во стане с мужьями!
На поле сражений блистают цветами
И славой мы дышим и делим мы с вами
Живое веселье военных времен!

ВСЕ.
Бой вчера,
Ныне бал!
Быть может, завтра снова в бой!

МУЖЧИНЫ.
Мы Польшу собою навеки прославим,
В Москву Владислава с победой введем!

Мы Польшу высоко над Русью поставим -
Москва будет Польшею с Польским царем.

ЖЕНЩИНЫ.
И скоро, конечно, престанут все бои -
Обратно в святую отчизну, герои!
Готовят вам мирты, оливы и розы,
Свиданья, восторги, объятья и слезы!

МУЖЧИНЫ.
Окончив свой подвиг, в отчизну святую,
На память векам, нашу честь боевую
И нашего имени славу свезем!
Не помним того, что терпели доныне!
Мы балом блестящим в московской пустыне
Отчизну и радость себе создаём!

ЖЕНЩИНЫ.
Среди войны
Веселья зал!
В стране врагов
Блестящий бал!
Среди грозы
Военных дней
Младая жизнь
Свежей, полней!

МУЖЧИНЫ.
Беспечно судьбине своей доверяем;
На марсовом поле мы жизнью играем
И к Богу войны Терпсихору ведём!

МУЖЧИНЫ, ЖЕНЩИНЫ.
И на лету
Любви денёк
Срываем здесь,
Как бы цветок!

Военоначальник и немногие остаются на передней сцене.

ЯВЛЕНИЕ 2

Прежние и гонец.

НАЧАЛЬНИК.
Откуда?

ГОНЕЦ.
От пана Буркевича к вам
С недоброю вестью!
(Танцы прекращаются, гости подходят),

НАЧАЛЬНИК.
С какою?

ГОНЕЦ.
Все хуже да хуже в Москве нам:
Судьба разразилась грозою!

НАЧАЛЬНИК.
Ты весть нам привез о короле?
Ужель он еще не в Кремле?

ГОНЕЦ.
Он тылом к Москве обращен.
А наш Владислав отрешен
От царства, и сын Филарета,
Романов, поставлен Царём!

НАЧАЛЬНИК.
Романов! Где он?

ГОНЕЦ.
Об избраньи своём
Еще он не знает, сокрытый от всех
В поместье своём Костромском.

ХОР.
Ужель королевич отринут?

Ужели Москали отнимут
Московское царство назад?
Один Сигизмунд виноват,
Он вздумал хитрить и лукавить -
И царство теперь проиграл!.
Он сына зачем не послал
Москвою покорною править?

НАЧАЛЬНИК.
Друзья! Роковая несчастная весть!
И горько обижена польская честь!

ХОР.
Как смели отвергнуть они Владислава!
Как смеет противиться эта держава,
Над коей висит наша ратная слава,
Как меч Дамоклеев, готовящий месть!

ХОР разделяется на две части.

1-я ЧАСТЬ ХОРА.
Но быть грозам!

2-я ЧАСТЬ ХОРА И ЖЕНЩИНЫ.
Не страшен Романов:
Неопытный юноша он!

1-Я ЧАСТЬ ХОРА.
Что делать нам?

2-я ЧАСТЬ И ЖЕНЩИНЫ.
Отец его в Польше! -
Мы сыну предпишем закон.
Что предпринять?

2-я ЧАСТЬ ХОРА И ЖЕНЩИНЫ.
Предать посмеянию хитрость боярских затей!

1-я ЧАСТЬ ХОРА.
Как зло унять?

2-я ЧАСТЬ И ЖЕНЩИНЫ.
И этот, как Шуйский, увидит дворец королей!

НЕСКОЛЬКО МУЖЧИН.
Тот был жилец монастыря!
Москва не выдаст нам Царя.

ХОР УДАЛЬЦОВ.
Могущество польское всё одолеет
Вот мы вызываем спор разрешить:
Идем Михаила в полон захватить,
И польскую честь на Москве воцарить!

ОБЩИЙ ХОР.
Славно! Герои и рыцари вы.
За раз решите вы жребий Москвы!
В подвиге вашем отечества честь!
Слава и участь грядущая есть!
Гордым Москалям дадим себя знать -
Шутка для нас Михаила поймать!

ХОР УДАЛЬЦОВ.
Мы юношу схватим, руками возьмём!
Державного пленника к вам привезём!

МУЖЧИНЫ.
Удали вдоволь у вас
Слушайте разума глас
Знайте и хитрость подчас.

Судьбина нам путь чрез места проложила,
Которые вражья рать захватила!
Там действуйте златом, где; немощна сила
И дай вам Господь воротиться с Царем!

ХОР УДАЛЬЦОВ.
Не бойтесь! мы знаем! Прощайте, идём -
Живого ли мертвого ль к вам привезём!
(Уходят).

ЖЕНЩИНЫ.
Вы тревожились напрасно:
Всё пойдёт у нас прекрасно,
С нашей славою согласно,
Пустились в дорогу товарищи ваши!
На подвиг отправились рыцари наши!
Готовьте героям заздравные чаши -
И будем младого Царя поджидать!

МУЖЧИНЫ.
Туча Московского зла
Шуткой удалой прошла,
Радость опять ожила!
Так снова за танцы и радости наши!
Успеют, наверное, рыцари ваши -
Заслужат хвалы и почетные чаши -
Так будем младого Царя поджидать!

ЖЕНЩИНЫ.
Удаль польская взыграла -
Вдруг опасность миновала,
Радость снова заблистала!
Так снова за танцы и радости наши!
Свой подвиг свершат сотоварищи ваши
Заслужат хвалы и почетные чаши -
Так будем младого Царя поджидать!

Конец второго действия.

ДЕЙСТВИЕ ТРЕТЬЕ.

Изба Сусанина.

ЯВЛЕНИЕ 1.

ВАНЯ (один).
Как мать убили
У малого птенца,
Остался птенчик
Гол и гладен в гнезде...
Соловушко узнал,
И жаль ему бедняжки:
Ко птенчику летит,
И крылышками греет,
И кормит и лелеет.
Как мать скончалась
У малого сынка,
Сынок младенец
Круглой стал сиротой.
Как добрый человек
Почуял в сердце, жалость -
Берет он сироту
В свою семью и любит,
И холит, и голубит.

По окончания песни входит Сусанин.

ЯВЛЕНИЕ 2

Ваня и Сусанин.

СУСАНИН.
Всёпро птенчика, мой Ваня
Песню про себя ведё!
Русь теперь иную песню,
Песню радости поё.

ВАНЯ.
Да, сбылося: наш боярин.

СУСАНИН.
Нам-то какая милость от Бога:
Наш молодой вотчинный боярин
Сделался нашим Царем-Государем!
Наконец догадались бояре
Отдать державу, кому следует!

ВАНЯ.
Право, чудо: он взошёл
Из неволи на престол!
Как досадно будет ляхам!

СУСАНИН.
Знать, теперь они недруги кронные
Нашему Царю Михаилу;
Дорого бы дали чтобы в полон поймать!

ВАНЯ.
Как бы сюда не пришли
Рыщут везде по Руси!

СУСАНИН.
А пусть придут, его не возьмут -
Постоим за Царя своего.

ВАНЯ.
И я за Царя постою

СУСАНИН.
Да, мой птенчик подрастёт,
В службу Царскую пойдёт.
Снаряжу тебя конём,
Медной шапкой и мечом;
Без корысти безо лжи,
В крепкой правде послужи.

ВАНЯ.
Ах, потешь меня конём,
Медной шапкой и мечом.
За Царя, за нашу Русь
Добрым молодцем сражусь.
Никогда не отступлю,
Стену вражию сломлю.

СУСАНИН.
Так, мой Ваня, в добрый час
Знать порадуешь ты нас!
Воспитала Русь тебя,
Возлелеяла, любя;
Ты Царю заплатишь долг,
Когда вступишь в царский полк.

ВАНЯ.
Меня ты на Руси
Возлелеял.
Я в долгу перед Царём
Государем.
Заплатить постараюсь,
Заплатить моей службой!
Ох, пришло б поскорей
Моё время, время службы.

СУСАНИН.
Этим дням не стоять
Безотходно.
Пролетит, промелькнёт
Твое детство.
И как раз подоспеет
Мой сынок к службе Царской
И готов хоть куда
Стройный воин
Воин Царский.

ВАНЯ.
И себя

И теня
Доброй славой
Я прославлю.

СУСАНИН.
И себя
И меня
Доброй славой
Ты прославишь.

ВАНЯ.
Уж теперь на войну
Мне б хотелось
Послужить моему
Государю!
Заплатить моей службой,
Заплатить моей кровью.
Ах, зачем я ещё
Только отрок, а не воин.

СУСАНИН.
Не тужи, что ты млад,
Что ты отрок.
И теперь может быть
Тебе служба.
Невзначай воля Бога
Позовет человека
И теперь будь готов
Ежедневно, ежечасно.

ВАНЯ.
До великого, до дела
Только путь мне укажи.

СУСАНИН.
Так и сила подоспела,
Крепость тела и души!

ОБА.
До великого, до дела
Только путь мне укажи.
Так и сила подоспела,
Крепость тела и души.

ЯВЛЕНИЕ 3

Сусанин, Ваня и Хор мужчин.

ХОР.
Мы на работу в лес,
Мы из лесу на луг,
А к вечеру, Бог даст,
Работу кончим всю.
И оттуда соберёмся
На дивишник.
Твоей дочке -
Пожелать вам
Жить в веселье,
Жить в обилье,
Пожелать вам,
Чтобы детки
Твои внуки
Чтоб весь род твой
Был так честен,
Так разумен
И в такой же
Доброй славе,
Как ты, дядя,
Наша радость!

СУСАНИН.
Добрые молодцы, благодарю!

ХОР.
Мы на работу в лес,
А к вечеру домой.
Мы из лесу на луг,

А на вечер к тебе
Соберёмся
Выпить чарку
За здоровье
Твоей свадьбы!
Пожелать вам,
Чтобы детки,
Твои внуки,
Чтоб весь род твой
Был прославлен
В русском царстве,
В уваженьи,
В возлюбленьи,
В честной льготе;
Чтоб в народе
Твое имя
Пребывало
В громкой славе!

СУСАНИН.
Нам ли до славы великой:
Был бы лишь честен мой род,
Добрые молодцы, в гости
Светлый девишник вас ждет.

ХОР (уходя).
Придём, придём
Побалагурить
И пошутить!
Придём, придём
Полюбоваться
И погулять.
Придём, придём
Повеселиться
И поплясать!

ЯВЛЕНИЕ 4

Сусанин и Ваня, Сабинин и Антонида входят почти в одно

время с разных сторон.

СУСАНИН.
Милые дети,
Будь между вами
Мир и любовь!

САБИНИН.
Мир и любовь.
Счастье и радость
В Домнино красном
С вами живут!

ВАНЯ. (Антониде).
Наша радость Антонида,
Наше счастье - там, где ты.

СУСАНИН.
Дело к свадьбе - веселитесь!
Слов сердечных не стыдитесь!
Ныне всё, что на душах
Будь у вас и на устах!

САБИНИН (невесте).
Не розан в саду, в огороде!; -
Цветет Антонида в народе!

ВАНЯ (к зрителям).
Ещё между нами цветёт.
Но в люди чужие уйдёт!

САБИНИН.
Что розан-цветок пред тобой?
Ты в девицах розан живой.

ВАНЯ (также).
Она так мила и добра,
И любит меня, как сестра!

САБИНИН
Не солнышко светит, горит -
Красавица солнцем глядит.

ВАНЯ (также).
Ах, с нею родимая хата
Светлей, веселей, чем палата!

САБИНИН.
Так ты для земного житья,
Грядущая жёнка моя!

ВАНЯ (также).
С ней, милою, было житьё,
Что будет у нас без неё!

САБИНИН.
Грядущая жёнка, краса,
Взгляни мне любовно в глаза!

СУСАНИН.
Как радуют сердце моё
Веселье и счастие ваше!

ВСЕ.
Нам радость и счастье замена
Тяжелых и горестных дней;
И солнышко будто светлей,
Приветнее на небе светит
За грозною тучей во след,
За темною, страшной невзгодой!
Господь даровал нам Царя,
Царём да воскреснет Русь
И миром благим процветёт!

СУСАНИН.
Сердце полно!
Будем Богу
Благодарны!

(Молчание).

ВСЕ.
Боже! Люби Царя!
Боже! Прославь Царя!
Славой и милостью
К Русской земле родной!

САБИНИН.
Пора!

САБИНИН. ВАНЯ.
Время к девишнику
Нам поусловиться!
Время к весёлому
Нам приготовиться!

ВСЕ (кроме невесты).
Мешкать не будем мы,
Вмиг приготовимся!

САБИНИН.
Соколом за реку
Вмиг полечу домой,
Дружек к девишнику
В миг привезу с собой!

АНТОНИДА.
Время и девицам,
Милым подруженькам,
В гости пожаловать,
Пеньем потешить нас

СУСАНИН, ВАНЯ.
Дружек к девишнику!
Он созовёт сейчас.

СУСАНИН.
Там пирование,

Там столование,
Там и за песенки!
Там и за свадебку,

ВСЕ.
Зараз к девишнику
Мы приготовимся.

САБИНИН.
Молнией за реку
В миг полечу домой,
Добрых товарищей
В миг привезу с собой!

АНТОНИДА.
Красные девицы
Также придут сейчас,
Свадебным пением
Весело встретят нас!

СУСАНИН, ВАНЯ
Красные девицы
Также придут сейчас.

СУСАНИН.
Там за свадебку
Там и за шумною,
Без отлогательства!

ВСЕ (кроме невесты).
То-то счастье,
То-то радость
И веселье!
То-то в радости, в веселье!
Запоем, запируем, заживем!

Сабинин уходит.

ЯВЛЕНИЕ 5

Те же, кроме Сабинина.

СУСАНИН.
Итак, я дожил! Слава Богу,
До свадьбы дочери моей!

ВАНЯ.
А все таки нам жаль немного -
Мы что-то крепко свыклись с ней.

СУСАНИН (дочери).
Не зарастёт травой твой путь
К избе родителя и брата!
В семье чужой любима будь
И всяким счастием богата!

АНТОНИДА.
Не западёт песком мой след
К избе родителя и брата -
Ведь в целом мире лучше нет,
Как наша отческая хата!

ВАНЯ.
Я слышу конский топот.

СУСАНИН. Да!

ВАНЯ.
Ужели наши поезжане?

СУСАНИН.
Нет, видно, Царские полчане!

ВАНЯ (подходит, к окну).
Смотри: кто это?

СУСАНИН.
К нам!

АНТОНИДА.
Беда! (Убегает).

Музыка выражает недоумение и страх переходит на военный марш.

ЯВЛЕНИЕ 6

Сусанин, Ваня и хор поляков.

ХОР ПОЛЯКОВ.
Бог в помощь, приятель! И с помощью Бога
Сопутствовать нам собирайся сейчас.
Где Царь? Видно, он здесь и к нему нам дорога!
Нам нужно скорей, проведи же ты нас.

СУСАНИН.
Эх, господа! Как нам-то знать,
Где Царь изволит поживать!
Мы здесь живем, как бы в пустыне,
А нам и некогда: мы ныне
Готовим свадьбу: вы у нас,
Отпировать извольте свадьбу;
Меж тем узнать пошлём в усадьбу,
И до Царя проводим вас.

ПОЛЯКИ.
Москаль, нам не нужно твое хлебосольство;
Не нужно тебе никуда посылать:
Ты знаешь, где Царь - проведи же посольство:
Не любим наказы свои повторять!

СУСАНИН.
Хитро вы это учинили.
Врасплох наехали на нас
Да, так: кабы послы вы были,

То провожал бы пристав вас.
Какое можете вы дело
Иметь до русского Царя?

ПОЛЯКИ.
Ну, ну! Нам болтанье твоё надоело -
Иди, перед собою лишь прямо смотря!
Нас ведать твое ли холопское дело?
Сейчас проводи нас к жилищу Царя!

СУСАНИН.
Высок и свят наш Царский дом
И крепость Божия кругом!
Под нею сила Руси целой,
А на стене в одежде белой.
Стоят крылатые вожди:
Так, недруг, близко не ходи!

ПОЛЯКИ.
Да что ты нас русской притчей морочишь.
Шутить мы не любим с таким молодцом.
Сейчас повинуйся! а если не хочешь,
Так тут же тебя без пощады убьём!

СУСАНИН.
Страха не страшусь!
Смерти не боюсь!
Лягу за Царя, за Русь!

ХОР поляков, негодуя, разделяется на две части.

1-я ЧАСТЬ ХОРА.
Проклятый упрямец! Убить его, что ли?

2-я ЧАСТЬ ХОРА.
Какая нам польза от смерти его!

ОДИН ГОЛОС.
Послушайте!

Сходятся для совещания и тихо говорят между собою.

СУСАНИН.
Боже, спаси Царя!
Ты умудри меня,
Ты научи меня,
Боже, спаси Царя!

Под музыку, выражающую состояние души Сусанина раздаются от времени до времени отрывистые возгласы поляков. "Пытать! задарить! взять!"

СУСАНИН (Ване, решительно и таинственно).
Пойду, пойду,
Их заведу
В болото, в глушь,
В трясину, в топь,
Туда, туда,
Где им беда!

А ты сейчас,
Как мы пойдём
Так сядь верхом,
Прямым путём
Чрез мелкий бор
Во весь опор.
К Царю, к Царю!
Смотри, смотри:
Чтоб до зари
До утренней
Увидал Царь!

ВАНЯ.
О, к тем порам
Я буду там!

ПОЛЯКИ.
А вот тебе; гибель и вот тебе злато!

Смотри же! Подумай, дружок, посуди:
Тебе пригодится великая плата!
Бывает прохладно от яркого злата.
Становится жизнь и мила, и богата.
Бери же ты злато и тотчас иди!

СУСАНИН.
Вот это ярче сабли светит,
Вот это прямо в очи метит!
Тогда не я, другой пойдёт
И ваши денежки возьмёт -
Да, ваша правда: нужно злато -
И златом мир живет богато!
Так делать нечего - пойдём!
Награду после-то возьмём.

ПОЛЯКИ.
А где же твой Царь! До него далеко ли?
К порам полуночным поспеем ли что ли?

СУСАНИН.
Путём дорогой расскажу,
Прямым путём вас провожу!

ЯВЛЕНИЕ 7

Те же и Антонида.

АНТОНИДА (бросаясь к отцу).
Ох, куда твоя дорога!
Ох, родимый, ради Бога!
Поляков не провожай,
Нас детей не покидай!

СУСАНИН.
Велят, "иди - повиноваться надо!
Ты не кручинься, дитятко мое!
Не плачь, мое возлюбленное чадо!
Благослови, Господь, твое житье!

Я не могу так скоро воротиться -
Сыграйте вашу свадьбу без меня!
Желаю вам в сожительстве любиться!
До вашего последнего до дня!

ПОЛЯКИ.
Что с нею? О чём эта девица плачет?
Что это прощание горькое значит?

СУСАНИН.
То дело девичье: она
Приходом вашим смущена.

ПОЛЯКИ.
Не бойся, девица: мы добрые люди!
Пойдём же, приятель! Пойдём поскорей!

АНТОНИДА (опять бросаясь к отцу).
Ох, куда твоя дорога?

СУСАНИН (не допуская её до себя).
Антонида. Ради Бога!

АНТОНИДА (опять к отцу).
Ох, родимый, не ходи.

ПОЛЯКИ (один из них берёт Сусанина за левую руку).
Пойдём!

СУСАНИН (не допуская до себя, дочери).
Поди, поди!..

Осеняет её крестом, и значительно взглянув на Ваню, уходит с поляками.

АНТОНИДА (всплеснув руками).
Его убьют!

ВАНЯ.
Зачем убить?
А мне пора! велел отец -
И Бог мне службу указал!
(Уходит.)

ЯВЛЕНИЕ 8

Антонида одна. Она садится на лавку и плачет. К ней идёт свадебный хор девиц.

ХОР ДЕВИЦ (ещё за сценой).
Разгулялася,
Разливалася
Вода вешняя
По лугам
Разыгралися,
Расплясалися
Красны девицы.
В терему,
Как одна, сидит,
Не играет,
Подгорюнилась,
Слёзы льёт,
Слёзы горькие!

Хор выходит на сцену.

В мураве траве
Перепелочка
Голос жалобный
Подаёт.
Как завтра к ней
Ясный сокол
И возьмёт её
Из гнезда.
"Ах, оставь меня.
Ясный сокол!
В милом гнездышке

Под крылом
Моей матушки".
Антонидушка
Свет Ивановна
Тужит, сетует,
Слёзы льёт.
Скачет суженый,
Мил-надежа,
И с собой её
Увезёт!
"Ах, оставь меня,
Мил-надежа,
В доме отческом
Мне-то жаль
Воли девичьей".

ХОР (обращаясь к Антониде).
Что ты, подруженька,
Этак расплакалась?
Все-таки весело
Горе невестино!

АНТОНИДА (встав).
Не о том скорблю, подруженьки.
Я горюю не о том,
Что мне жалко воли девичьей,
Что оставлю отчий дом!

ХОР.
Ты скорбишь не о том -
Так скажи нам о чём?

АНТОНИДА.
Нас постигло горькое горе,
Убила чёрная судьба:
Были враги у нас,
Взяли отца сейчас

ХОР.
Как? Поляки сейчас
Взяли отца у вас?

АНТОНИДА.
Налетели злые коршуны,
Набежали поляки.
Захватили в плен родимого,
Сотворят беду над ним!

ХОР.
Ты не плачь, он придёт -
Его Бог упасёт!

АНТОНИДА.
Что же сердце веще ноет
И чует смертную тоску
Нет, не придёт отец, -
Смертный ему конец!

ХОР.
Ты не плачь, он придёт -
Его Бог упасёт!

ЯВЛЕНИЕ 9

Прежние и Сабинин с поездом.

САБИНИН (встревоженный).
Что такое, как поляки
Взять могли у нас отца?

ДЕВУШКИ.
Наехал враг и взял с собой!

САБИНИН.
Откуда ж враг взялся?

ДЕВУШКИ.
Нагрянул! Взял с собой - и нет.

АНТОНИДА.
Боже мой!
Что с отцом
Сбудется.

ПОЕЗД.
Враны налетели,
Волки набежали.
Хищники напали!
Врану черному свинцом
Крылья пришибаем!
Волку серому дубьём
Череп размозжаем,
Вора хищника ножом
Режем без пощады!
Нам столкнуться бы с врагом
Резаться мы рады!

САБИНИН (невесте).
Не плачь, не кручинься мой свет.
Сейчас за врагами вослед
Весь поезд за мной понесётся! -
Мы силой отнимем отца,
Погубим врага до конца!

ПОЕЗД.
Весь поезд за тобой понесётся.
И на смерть со врагом подерётся.

САБИНИН.
Идите, друзья, и берите
Оружье, дубины, ножи!
Да кликайте клич по селенью
На дерзкое дело врагов!

ПОЕЗД (уходя).
Пойдём, созовём к ополченью
Всех молодцев, добрых бойцов, -
Сюда приведём удальцов!

ЯВЛЕНИЕ 10

Прежние, кроме поездов.

САБИНИН
Сколько горя в этот день избранный!
Сколько бед нанёс удар нежданный!

АНТОНИДА.
Горе мне! Отца ты не спасёшь!
Может быть, и сам ты пропадёшь!

САБИНИН.
Горький друг! одна лежит дорога.
Долг велит, - да будет воля Бога!

АНТОНИДА.
Грустно мне я знаю, долг велит,
Что ж душа без памяти скорбит!

САБИНИН.
Что грустить, томить себя тоскою,
Плакать, сохнут, мучаться душою?

АНТОНИДА.
Не томить себя моя ли власть?
Грусть томит, томит и мучит страсть!

ОБА.
Сколько горя в этот день избранный!
Сколько бед нанёс удар нежданный.

ХОР ДЕВУШЕК (невесте).
Ясных ты очей

Не темни слезами!
Красоты своей
Не губи скорбями!
Слушай наше слово:
Будь тверда душою.
Да встречай милого
С красной красотою!

ЯВЛЕНИЕ 11

Прежние и хор вооруженных мужчин.

СABИНИН.
Собралась наша рать
Нам пора воевать.
Ты меня отпусти.
Милый друг мой, прости.

АНТОНИДА.
Ах, пора настаёт!

САБИНИН.
Твой родимый нас ждёт!

АНТОНИДА.
Ты спасешь ли его?

САБИНИН.
Мы идем для того!

АНТОНИДА.
Будешь в смертном бою.

САБИНИН.
И врагов перебью!

АНТОНИДА.
Возвратишься ль, иль нет?

САБИНИН.
Возвращуся, мой свет!

АНТОНИДА.
Мой голубчик, прости!

САБИНИН.
Милый друг мой, прости!

ОБА. Прости!

Пропев прощальный дуэт, они обнимаются.

ХОР МУЖЧИН.
Чёрных врагов перебьём,
Братцы, в чистом поле!
Мы в лесу волков дубьём
По разгульной воле!
Супостатов мы найдём,
Хищников поймаем -
Перережем всех ножом,
С криком растерзаем!

Сабинин поручив невесту девушкам, пристаёт к хору мужчин во время пения и с ними уходит.

ХОР (поддерживая плачущую невесту).
Ясных ты очей
Не темни слезами!
Красоты своей
Не губи скорбями!
Слушай наше слово:
Будь тверда душою,
Да встречай милого
С красной красотою!

Конец третьего действия.

ДЕЙСТВИЕ ЧЕТВЕРТОЕ.

Прогалина в дремучем лесу. Ночь.

ЯВЛЕНИЕ 1.

Хор русских поселян на средней сцене с поникшею головою и опираясь на свое оружие. Сабинин поодаль высматривает место.

ХОР (глухим голосом).
Давно ни одной
Нет встречной души.
Не видно ни зги.
Нет следу нигде!
Каким же путём
На ляха пойдём?
Нам снег и мороз
Слипают глаза!
От наших мечей
Укрыла врага
Лукавая глушь
И тёмная ночь,
И злая метель.
Что делать? Как быть?

САБИНИН (подошед).
Братцы, в метель,
В неведомой глуши
Мы сразу не могли
Добраться до врага!

Что нам метель,
Лесная глубина,
Безпутье, труд
И хлад ночной!
Не унывайте, братцы!
Не уступайте вьюге
И трудному беспутью -

Своё возьмем!
Мы стойкостью русской,
Мы преклонным духом
Всю трудность переломим -
Отца найдём!
Ждёт невеста красная!
Светик, для тебя
Мы найдём отца,
Доставим домой!
От тебя я,
Дорогая,
Жду награды,
Жду отрады
И любовной
Ласки жду!
Взглянешь красным солнышком, -
С памяти слетит
Вьюга, труд и бой -
Проглянет любовь!
Братцы, пойдём!
Докончим честный труд
И ляху не дадим
Над нами смех творить.
Путь наш вперёд!
Нам люди вменят в стыд,
Коль без отца
Придём домой!
Отец в нужде великой -
На нас его надежда!
И след ли нам оставить
Его в нужде?
Велит нам честь святая
Найти отца и ляха
Казнить за смех над нами -
Пойдём, друзья!

ХОР.
Ты прав, придём!
Во чтоб ни стало

Врагов найдём!
Врагов накажем!
Скорей умрём,
Чем без успеха
Домой придём!
(Уходят.)

ЯВЛЕНИЕ 2

Ваня и хор.

ВАНЯ.
Бедный конь в поле пал!
Я бегом добежал.
Вот и царский двор
Здесь Царица и Царь:
Поспеши, Государь,
Близко недруги!
Но кругом всё молчит,
Монастырь крепко спит,
Достучусь ли я?
Отоприте!
Ах зачем не витязь я?
Ах зачем не богатырь?
Выломал бы двери я
Железные, чугунные,
Добежал бы до палат,
Где наш Царь покоится,
Закричал бы: слуги царские!
Просыпайтеся, просыпайтеся!
Голос мой, что колокол прозвучит,
Услышат все, даже мёртвые:
Отоприте, отоприте!
Замерло сердце,
Ноги дрожат,
Ужас и холод
Мучат меня:
Недруги близко!
Придут с зарей,

Руки наложат.
Нет, никогда.
Ты не плачь, не плачь, сиротинушка!
Ах, не мне, не мне Государя спасать!
Сам Господь его нам в Цари пожаловал,
Сам Господь Царя отстоит от врагов,
Силами небесными
Отстоит, отстоит!

Слышишь, враг, ты, враг, - просыпаются!
Не видать тебе лика царского,
Не слыхать тебе вопля русского.
Унесем Царя на престол его
С песнями победными!
Унесём Царя на престол его
С песнями победными

ХОР.
То не вьюга-метель
Откликается,
То не птица кричит
Черновистница.
Не мертвец в ворота
Добивается,
Нет, то горе-беда
У ворот стоит.
Выходит ли нам?
Кто здесь, откуда,
С какой бедой
Так поздно
Стучится в ворота?
Кто дерзкий и криком,
И воплем своим
Смущает покой Государев?
Кто? кто? кто? кто?

ВАНЯ.
Зажигайте огни,
Вы седлайте коней,

Собирайтеся в путь,
Слуги царские!
А не то, на заре
К нам нагрянет беда:
Враги у ворот стоят.

ХОР.
Что случилось? Как враги у ворот?

ВАНЯ.
Нет, не время теперь
Вам рассказывать,
Я Царю расскажу
Вести чёрные!
Вы ж седлайте коней.
Зажигайте огни
Собирайтеся в путь
Слуги царские!

ХОР.
Откуда ты прибыл!
Зловещий посол?
И что ты, и что твои вести?
Где видел врагов ты; и много ли их?
Поведай; тогда к Государю; поведай ты нам.

ВАНЯ.
К нам пришли
Поляки.
И велели
Отцу
Проводить их
К Царю
К вам на барский двор!

ХОР.
Что слышим?
О, ужас Злодеи!
Что ж дале?

ВАНЯ.
И отец, мой пошёл.

ХОР.
Несчастный!.

ВАНЯ.
Но не к вам их повёл.

ХОР.
А куда ж?

ВАНЯ.
В тёмный лес,
В бор безвыходный:
Но проснётся заря,
Всё поймут поляки
И дорогу найдут!
Понимаете ль?
Нет здесь ратных людей,
Нет булатных мечей,
Отстоите ль Царя
Безоружные?

ХОР.
Уж огни зажжены,
Уж седлают коней.
Не застанет нас здесь
Солнце красное.
Мы к Царю
Поспешим, поспешим;
Ты, как Божий посол!
Впереди ступай!

ВАНЯ.
Я, как Божий Посол!
Впереди пойду!
Слава Господу сил!
Он не выдал Руси

Нечестивым врагам.

ЯВЛЕНИЕ 3

ХОР ПОЛЯКОВ (ещё за кулисами).
Устали мы!
Продрогли мы!
Уж мочи нет!
Москаль, куда завел ты нас?
Показывается Сусанин, ведущий поляков.
Ужасная глушь!
Проклятый москаль.
Ты сбился с пути!

СУСАНИН.
В непогоду и беспутье
Я держу свой верный путь!

ПОЛЯКИ.
Безумец стой,
Дороги нет?
Куда ж идёшь?
Ты нас ведёшь
Всё дальше в лес,
Всё глубже в топь.
Смотри,
Куда
Завел!
Беда!
Прогалина есть!
Хоть тут отдохнём,
Огонь разведём!

Некоторые из них разводят огонь в глубине сцены.

СУСАНИН.
Мой путь прям! Но вот причина:
Наша Русь для ваших братьев
Непогодна и горька!

ПОЛЯКИ.
Открытым врагом бушевали снега
Лишь тайного б нам остеречься врага!
Безмысленно буря по дебри гудёт,
Но змей с потаенным лукавством ползёт!
Всё тот же глухой заколдованный лес,
Не знаем, но, кажется, были мы здесь.
Нас, кажется, леший московский кружит,
И вровень с людьми его вражеский вид!
Вести людей,
Но не провесть.
И смерти злей
Есть злая месть!

Поляки, приставив часового к Сусанину, отходят в глубину сцены, садятся у разведённого огня и мало-помалу погружаются в дремоту.

СУСАНИН.
Чуют правду!
Ты ж, заря,
Скорее заблести!
Скорее возвести
Спасенья весть про Царя!
Господь! В нужде моей
Ты не оставь меня!
Горька моя судьба.
Ужасная тоска
Закралась в грудь мою!
Заела сердце скорбь.
Ах, страшно, тяжело
На пытке умирать!
Ты придёшь, моя заря,
Взгляну в лице твоё!
Последняя заря, -
Настало время моё!
Ох, горький час!
Ох, смертный час!
Господь, меня

Ты подкрепи
В мой горький час,
В мой страшный час,
В мой смертный час.

Давно ли с семьей своей
Я тешился счастьем детей?
Готовил праздник,
Праздник свадебный.
И вот очутился
Далече от всех
В глуши непроходной
Болот и лесов,
Во тьме непогодной
На пытке врагов!
Моё детище,
Антонидушка!
Ты чуяла гибель мою,
С рыданьем меня отпустила!
Не западет песком твой след,
Дочерний след к родимой хате!
К моим костям и следу нет!
Для вас, для всех я весь в утрате!
Растерзанный труп.
В сей дикой пустыни!
Лишь вран прилетит,
Лишь волк прибежит.
И грустно подумать!.
Тебе, доброму молодцу,
Поручаю я детище!
С этой бурей заветною
Тебе шлю челобитьице:
Ты держи в возлюбление
Мою кроткую горлицу!
Остался птенчик,
Мой Ваня, мой сынок!
Посол мой скачет,
Легкой пташкой летит!
Отца замучат.

Опять ты сирота
Сестра взлелеет,
Не оставит тебя!
Прощайте дети!
Ах ты, бурная ночь,
Ты меня истомила!
Ах ты, дикая глушь,
Ты меня поглотила!
Ах ты, лютая смерть,
Ты впилась в моё сердце!.
Табор вражеский заснул!
Спите крепко до зари!
Дай и я вздремну, сосну,
Сном-дремотой подкреплюсь
Сил для пытки надо мною!
Прощайте, дети!

Ложится, преклоняет голову ко пню и засыпает.
Пробуждаются несколько поляков Смена часового.

ПОЛЯКИ.
Все буря да буря!
И тёмная ночь!
Где мы очутились?
В лесной глубине.

Уйдёт наше дело -
Пора бы нам в путь!
Куда нам дорога
Ночною порой?

Москаль ненадежен!
Он сбился с пути!
А если нарочно
Сюда он завел?
Как смеет?
Он смеет -
Он зверем глядит!
Ужель он лукавит?

Лукавит!
Пойдёмте
И спросим его!

Все поляки встают и выходят на авансцену; видя Сусанина спящего, останавливаются.

Он спит - он невинен.
Когда бы нас провел!
То знал бы, что будет!
Пред верною смертью
Не спится!
Притворство!
(громко). Москаль!

Сусанин приподнимается.

ПОЛЯКИ (хором).
Послушай, ты в сильном у нас подозренье:
Сдаётся, не в эту нам сторону след!
Хитро по лесам и болотам круженье -
Признайся сейчас, ты хитришь или нет?

СУСАНИН.
Я вам скажу в ответ:
По совести своей
Веду людей,
Куда вести мне след -
Мы изо тьмы на свет -
Не то нам, людям, путь,
Что ветрам дуть!
За шагом шаг ведёшь
И добредёшь!
На горестном пути
Терпи, терпи!
Уж близок наш путь!
Забрежжется чуть -
И оправдалася ходьба,
И разыгралася судьба!

ПОЛЯКИ.
Проклятый москаль! Что за странный язык. -
Ты бесишь людей? Говори напрямик:
Увидим ли скоро Царя твоего?
Иль нас ты далече отвёл от него?
Начинает светать.

СУСАНИН.
Румяная заря
Промолвит про Царя
И мне, и вам!
Царя по небесам
Засветит правду нам!
Во правде путь идёт
И доведёт!
Во правде! Дух держать
И крест свой взять!
Судьбе в глаза глядеть -
И не робеть!
Я видел во сне:
В заре как в огне,
Святая Русь, с своим Царем,
Кипела славным торжеством!.

ПОЛЯКИ (в смятении глядя друг на друга).
Измена!

Рассвет обозначается яснее.

СУСАНИН (в исступлении указывая рукою).
Заря! Заря! ... Мой Царь спасен!
(Преклоняет колена).
Господи Боже,
Благодарю!
(Встаёт).

ПОЛЯКИ.
Ужели! Что будет! Вести сюда!...
(Сусанину). Куда ж ты завел нас? Скажи же куда?

СУСАНИН (громко и торжественно).
Туда завёл я вас,
Куда и - серый волк
Не забегал!
Куда и чёрный вран
Костей не заносит!
Туда завёл я вас,
Тут глушь и гладь.
Истома, страх и смерть,
И Божий суд!
Я вас на суд привёл!
Цареубийц!
Погибли вы все,
А Царь мой спасен!
Пропали мы все.

ПОЛЯКИ.
Погибни ж.
Изменник!
Побейте
До смерти!
Замучьте его.

При диких криках влекут со сцены Сусанина, повторяющего слова: "Мой Царь спасён!" В это же время туча находит на зарю и закрывает её; театр пуст и мрачен. Оркестр выражает смертные муки страдальца. Вбегает Сабинин со своим ополчением прислушивается и, вняв мукам Сусанина, с шумом туда бросается. Сеча за кулисами, выражаемая музыкою. На сцену спускаются облака.

Конец четвёртого действия

ЭПИЛОГ.

Москва. Площадь перед Кремлем. В глубине театра, по левую сторону, Спасские ворота, от коих через всю сцену тянется крепостная стена, над нею возвышаются кремлевские здания. Площадь наполняется народом, в радостном ожидании.

1-й ХОР (за кулисами по правую сторону).
Славься, славься, святая Русь!
Праздну́й торжественный день Царя,
Ликуй, веселися: твой Царь грядет.
Царя-Государя встречает народ!

При первых звуках весь народ стремится туда, где раздается пение. Через очищенную площадь отряд войск проходит в Спасская ворота, при следующей строфе того же хора.

Славься, славься, честная рать!
Ты отстояла престол царей!
У царского дома идет принять
Царя-Государя, могучая рать!

С левой стороны выходя на авансцену Сабинин. Антонида и Ваня, а с противоположной стороны вскоре после того - Второй хор.

АНТОНИДА.
Все та же тоска-печаль в душе.

ВАНЯ.
Та же тоска.

АНТОНИДА.
Нет, нам еще тяжелей здесь!

САБИНИН.
Здесь, где нам скрыть бы грусть!

ВАНЯ.
В людях чужих!

2-й ХОР.
О чём у вас

Тоска-печаль,
Когда вся Русь
В веселье, да в радости?

САБИНИН.
Добрые люде
Своё у нас горе!

2-й ХОР.
Зачем же с горем пришли сюда?

САБИНИН.
Позвали нас именем царским!

ВАНЯ.
Знать, Царю угодил наш отец своей службой.

2-й ХОР.
А кто ваш отец?

ВАНЯ.
Сусанин.

2-й ХОР.
Сусанин!! О нём
В народе молва.
Что спас он Царя!

ВАНЯ.
Да, он спас Царя!
Меня послал -
Я рассказал!
А сам он в лес
Сманил врагов.
Вся слобода
Туда ж вослед
В ночную тьму!
Блуждали долго -
И, наконец,

Настигли.

2-й ХОР.
Что ж Сусанин?

ВАНЯ.
Ах, но не мне, бедному -
Ветру буйному
Довелось принять
Вздох последний его!

АНТОНИДА.
Погиб родимый наш,
Мучительски погиб!

САБИНИН.
Нам достался
Только труп
Растерзанный!

ВАНЯ.
Не ко мне на грудь -
Он к сырой земле,
Умирая, приник!
Не рыданье детей
И не стоны родных,
Но вопли врагов
Раздавались над ним.

2-й ХОР.
Как нам жалко его!

АНТОНИДА и ВАНЯ.
Не в родной семье,
На руках детей
Наш отец угас.
Не рыданье детей
И не стоны родных
Только вопли врагов

Раздавались над ним!

САБИНИН.
Наши молодцы жестоко
Заплатили палачам:
До последнего изрублен
Там на месте лютый враг!
С полной честью, с полной местью
Тело предано земле,
Имя славного страдальца
Людям в память и в пример!

2-й ХОР.
Не понапрасну
Погиб отец ваш, -
Но честной смертью
За Русь святую,
За Государя!

АНТОНИДА и ВАНЯ.
Погиб он честно
За Русь святую.
За Государя!

С правой стороны на задней сцене является 1-й Хор и медленно подаётся вперед; толпа набежавшего с ним народа подвигает левее 2-й хор и семейство Сусанина.

1-й ХОР.
Славься, славься, наш русский Царь!
Господом данный нам Царь-Государь!
Москва тебя ждёт и наш Кремль святой!
Явися народу, отец наш родной!

2-й ХОР (семейству Сусанина).
Когда позвал вас Царь,
Ваш отец-Государь -
Так и Царь наградит,
И народ возгласит:

"Память во веки Сусанину!"

1-й ХОР
Славься, славься, наш русский Царь!
Господом данный нам Царь-Государь!
Избранника Божьего весь народ
С великой любовью и радостью ждет!

2-й ХОР.
Память во веки Сусанину!

1-й ХОР.
Славься, славься, наш, русский Царь!
Господом данный нам Царь-Государь!
Да будет бессмертен твой царский род!
Да им благоденствует русский народ!

2-й ХОР.
Память во веки Сусанину!

Колокольный звон извещает вступление царского шествия в Москву. С правой стороны, в глубине сцены, передовой отряд вдоль по Кремлевской стене тянется к Спасским воротам. 1-й хор повторяет свое пение. Народ быстрым движением бросается вперед, к правой стороне кулис, семейство Сусанина и 2-й хор остаются на своем месте.

НАРОД.
Царь идёт! Наш Царь идёт!
Ура Царю! Ура! Ура!

При этих кликах, живом движении и громком колоколом звоне занавес опускается.

Конец оперы.

Also available from JiaHu Books:

Лучшие русские рассказы - 9781784351229
Русланъ и Людмила — А. С. Пушкин - 9781909669000
Евгеній Онѣгинъ — А. С. Пушкин — 9781909669017
Пиковая дама, Медный всадник, Цыганы — А. С. Пушкин — 9781784350116
Капитанская дочка — А. С. Пушкин — 9781784350260
Борис Годунов — А. С. Пушкин — 9781784350291
Стихотворения: 1813-1820 — А. С. Пушкин — 9781784350864
Анна Каренина — Л. Н. Толстой — 9781909669154
Детство — Л. Н. Толстой — 9781784350949
Отрочество — Л. Н. Толстой — 9781784350956
Юность — Л. Н. Толстой — 9781784350963
Смерть Ивана Ильича — Л. Н. Толстой — 9781784350970
Крейцерова соната — Л. Н. Толстой — 9781784350987
Так что же нам делать? — Л. Н. Толстой — 9781784350994
Хаджи-Мурат — Л. Н. Толстой — 9781784351007
Царство божие внутри вас... — Л. Н. Толстой — 9781784351113
Дядя Ваня — А. П. Чехов — 9781784350000
Три сестры — А. П. Чехов — 9781784350017
Вишнёвый сад — А. П. Чехов - 9781909669819
Чайка — А. П. Чехов — 9781909669642
Дуэль — А. П. Чехов — 9781784350024
Иванов — А. П. Чехов — 9781784350093
Шутки - А. П. Чехов — 9781784350109
Собранные рассказы до 1880-ого года - А. П. Чехов — 9781784351212
Остров Сахалин - А. П. Чехов — 9781784351120
Записки из подполья — Ф. Достоевский — 9781784350472
Бедные люди — Ф. Достоевский — 9781784350895
Повести и рассказы — Ф. Достоевский — 9781784350901
Двойник — Ф. Достоевский — 9781784350932
Рудин — И. С. Тургенев — 9781784350222
Записки охотника - И. С. Тургенев — 9781784350390

Нахлебник - И. С. Тургенев — 9781784350246
Отцы и дети — И. С. Тургенев - 978178435123
Ася — И. С. Тургенев — 9781784350079
Первая любовь — И. С. Тургенев — 9781784350086
Вешние воды — И. С. Тургенев — 9781784350253
Накануне — И. С. Тургенев — 9781784350512
Мать — Максим Горький — 9781909669628
Конармия — Исаак Бабель — 9781784350062
Человек-амфибия — А. Беляев - 9781784350369
Рассказ о семи повешенных и другие повести — Л. Н. Андреев — 9781909669659
Жизнь Василия Фивейского — Л. Н. Андреев — 9781784351182
Леди Макбет Мценского уезда и Запечатленный ангел - Н. С. Лесков - 9781909669666
Очарованный странник — Н. С. Лесков — 9781909669727
Некуда — Н. С. Лесков -9781909669673
Мы - Евгений Замятин- 9781909669758
Санин — М. П. Арцыбашев — 9781909669949
Двенадцать стульев — Ильф и Петров - 9781784350239
Золотой теленок — Ильф и Петров - 9781784350468
Мастер и Маргарита — М.А. Булгаков - 9781909669895
Собачье сердце — М.А. Булгаков — 9781909669536
Записки юного врача — М.А. Булгаков — 9781909669680
Роковые яйца — М.А. Булгаков — 9781909669840
Горе от ума — А. С. Грибоедов - 9781784350376
Рассказы для детей - Д. Хармс - 9781784350529
Евгений Онегин (Либретто) — 9781909669741
Пиковая Дама (Либретто) — 9781909669918
Борис Годунов (Либретто) — 9781909669376
Руслан и Людмила (Либретто) - 9781784350666
Борислав сміється - Іван Франко - 9781784350789
Украдене щастя — Иван Франко - 9781784351069
Чорна рада — Пантелеймон Куліш – 9781909669529
Раскіданае гняздо/Тутэйшыя - Янка Купала – 9781909669901